Pedro Calderón de la Barca

El indulto general

Barcelona **2024**
Linkgua-ediciones.com

Créditos

Título original: El indulto general.

© 2024, Red ediciones S.L.

e-mail: info@linkgua.com

Diseño de cubierta: Michel Mallard.

ISBN tapa dura: 978-84-1126-032-9.
ISBN rústica: 978-84-9816-413-8.
ISBN ebook: 978-84-9897-235-1.

Sumario

Brevísima presentación

La vida

Pedro Calderón de la Barca (Madrid, 1600-Madrid, 1681). España.

Su padre era noble y escribano en el consejo de hacienda del rey. Se educó en el colegio imperial de los jesuitas y más tarde entró en las universidades de Alcalá y Salamanca, aunque no se sabe si llegó a graduarse.

Tuvo una juventud turbulenta. Incluso se le acusa de la muerte de algunos de sus enemigos. En 1621 se negó a ser sacerdote, y poco después, en 1623, empezó a escribir y estrenar obras de teatro. Escribió más de ciento veinte, otra docena larga en colaboración y alrededor de setenta autos sacramentales. Sus primeros estrenos fueron en corrales.

Lope de Vega elogió sus obras, pero en 1629 dejaron de ser amigos tras un extraño incidente: un hermano de Calderón fue agredido y, éste al perseguir al atacante, entró en un convento donde vivía como monja la hija de Lope. Nadie sabe qué pasó.

Entre 1635 y 1637, Calderón de la Barca fue nombrado caballero de la Orden de Santiago. Por entonces publicó veinticuatro comedias en dos volúmenes y *La vida es sueño* (1636), su obra más célebre. En la década siguiente vivió en Cataluña y, entre 1640 y 1642, combatió con las tropas castellanas. Sin embargo, su salud se quebrantó y abandonó la vida militar. Entre 1647 y 1649 la muerte de la reina y después la del príncipe heredero provocaron el cierre de los teatros, por lo que Calderón tuvo que limitarse a escribir autos sacramentales.

Calderón murió mientras trabajaba en una comedia dedicada a la reina María Luisa, mujer de Carlos II el Hechizado. Su hermano José, hombre pendenciero, fue uno de sus editores más fieles.

Personajes

La Culpa

Dimas

El Mundo

Gestas

Adán

Ángel

Caín

La Justicia

Abel

La Misericordia

David

El Príncipe

Salomón

La Esposa

Abrahán

Música

Acompañamiento

Acto único

(Dentro la Música y sale la Culpa como oyendo a lo lejos.)

Música	¿Cuándo, Señor, será el día de aquel gran prometimiento...
Culpa	«¿Cuándo, Señor, será el día de aquel gran prometimiento...»
Música	...en que cielo y tierra unidos... 5
Culpa	«...en que cielo y tierra unidos...»
Música	...en admirable comercio...
Culpa	«...en admirable comercio...»
Música	...el cielo en la tierra, la tierra sea cielo? 10
Culpa	«...el cielo en la tierra, la tierra sea cielo?» ¿Qué nuevo cántico es, qué nuevo ritmo, qué nuevo himno que, para que sea 15 nuevo hoy todo, dando al eco en suavidades de canto consonancias de lamento, desde lo profundo clama una y otra vez diciendo...» 20
Ella y música	...que en admirable comercio el cielo en la tierra

la tierra sea cielo?

Culpa   Pero, ¿qué me desconfía,
cante o llore, el día que preso   25
en la cárcel del pecado
al género humano tengo?
Cárcel del pecado dije,
no sin soberanos textos
que lo apoyen: a Isaías   30
le dio el Señor, sobre el pueblo,
autoridad de librar
a los que estaban de asiento,
en la cárcel de las nieblas;
Job dijo en sus sentimientos   35
que Dios le tenía ceñido
en la cárcel de sí mesmo;
cárcel espiritual, dijo
allá en su epístola Pedro;
y Juan en su Apocalipsis,   40
que el fiero Satán fue suelto
de la cárcel del abismo;
y pues, para que un concepto
pueda explicarse a dos luces,
no en vano asentado dejo   45
ser la cárcel el pecado,
su fábrica el universo,
el Mundo el alcaide suyo
y el género humano, el preso.
¿Qué mucho, siendo la Culpa   50
agente fiscal de reos,
que cuando él clama piedades
ella apellide tormentos?
¡Ah de la cárcel del Mundo!
¡Ah del pavoroso centro,   55

en que delincuentes yacen,
no solo cuantos nacieron,
porque nacieron, sino
cuantos por ser herederos
de aquel original crimen,   60
infestados se adurmieron
a la sombra de la muerte,
en el más profundo sueño
de la vida!

(Sale el Mundo.)

Mundo   ¿A qué fin, Culpa,
hoy, de tu siempre severo   65
semblante, el ceño arrugado
tan segunda vez es ceño,
que de la hidra sobre hidra
cumplido tray el proverbio,
a estos calabozos llamas;   70
en cuyo lóbrego centro
todos, ya tú lo dijiste,
yacen, mayormente aquellos
que de culpas personales
han fabricado sus hierros,   75
sin excepción de personas
pues desde el cayado al cetro,
desde la toga al bastón
y desde el noble al plebeyo,
todos aherrojados viven   80
en mí? Dígalo el salterio
donde, en pública vindicta
de naciones y de pueblos,
afirma que se han de hallar
reyes y jueces a un tiempo   85

ligados de pies y manos
al grillo y cadena; y siendo
así, que están a mi cargo,
¿a qué fin, a decir vuelvo,
vienes hoy tan asustada?   90

Culpa   A fin de no sé qué acento,
solo de mí percebido,
que se ha escuchado allá dentro.
¿Cuándo el día será, clama,
que en admirable comercio   95
el cielo y la tierra unidos
él sea tierra y ella cielo?
Esta nueva entonación,
entre otras sombras y lejos,
de que misterioso está   100
el sacro volumen lleno,
por ser la más adecuada
al equívoco concepto
de que cielo y tierra se unan,
me ha traído al pensamiento   105
la visión de aquella escala
que, uniendo sus dos extremos,
por ella, ¡tiemblo al decirlo!,
iban bajando y subiendo
tropas de alados querubes,   110
significándome en ellos
al Hombre cuando subían,
cuando bajaban al Verbo.
Con esta aprehensión, ya sea
o pasmo o delirio, intento   115
cautelarme, para cuando
Dios, movido de su ruego,
cumpla el esperado día

de aquel gran prometimiento,
que el cántico de Habacú 120
les profetiza diciendo
que del Austro vendrá un rey,
que haciendo piadoso acuerdo
de su gran misericordia,
disuelva su captiverio. 125
Dirásme tú agora, ¡oh Mundo!,
¿cómo cautelar pretendo
mi temor, si de su grande
misericordia habla el mesmo
cántico? Y diréte yo 130
que, si en ese y otros versos
dice el texto que es su suma
misericordia en eterno,
también en sus versos dice
que visitará severo, 135
sin que su misericordia
se desaproveche en ellos,
con la vara y el azote,
la iniquidad del protervo.
Y siendo así, que no puede, 140
por ir, en rey tan excelso,
a más su misericordia
venir su justicia a menos,
¿quién duda que haya de hacer,
de su parte el Real Consejo 145
la visita general
de la Pascua del Cordero
el día que residencie
la cuenta de los talentos?
Conque, para prevenirme 150
a que halle en sus procesos
tan sustanciadas las causas,

los cargos tan manifiestos,
que conozca la justicia
sin misericordia de ellos,   155
vengo a requerir la lista
de los criminales pleitos
en que he de fiscalizar.
Y así, vamos recorriendo
las estancias para que   160
sea, cuando llegue el tiempo,
memoria de sus olvidos
el libro de mis acuerdos.

Mundo   Siendo tú la querellante
             parte, a cuyo pedimiento   165
             presos están (pues sin ti,
             Culpa, no estuvieran presos),
             y siendo yo el Mundo, que
             en mi confianza los tengo,
             mientras la muerte no traiga,   170
             (ministro tuyo a quien dieron
             vara de Corte tus iras),
             de soltura el mandamiento,
             para que del mundo salgan,
             o ya al castigo, o ya al premio,   175
             mal impedirte podré
             ese reconocimiento
             que hacer intentas. Aquel
             que miras, campo desierto,
             sin más población que chozas,   180
             al Sol y al agua y al viento,
             es el de Adán, donde habitan
             él y sus hijos y nietos
             en ley natural, ceñida
             solamente a dos preceptos: 185

de amar a Dios más que a sí
y a todos como a sí mesmo;
pero, aunque suaves ambos,
como infestados nacieron,
del quebrantamiento de uno   190
pasó su quebrantamiento
a los dos; conque, mandadas
juntar las causas, se vieron
cómplices de inobediencias,
homicidios, adulterios,   195
robos y usuras; y, en fin,
idólatras sacrilegios;
bien, que no desconfiados
de que vendrá su remedio,
fiados en que arrepentido   200
Adán de su error primero,
con sus familias está
a todas horas diciendo:

(Ábrese el carro primero; se ven en él a Adán, Caín y Abel.)

Adán   Pequé, Señor, y aunque infinito ha sido...

Música   ...pequé, Señor, y aunque infinito ha sido...   205

Adán   ...por tu infinito objeto, mi pecado...

Música   ...por tu infinito objeto, mi pecado...

Adán   ...que temo en tu justicia ser perdido...

Música   ...que temo en tu justicia ser perdido...

Adán   ...espero en tu bondad ser perdonado.   210

Música	...espero en tu bondad ser perdonado.
Adán	Todo el género humano, contraído...
Música	Todo el género humano, contraído...
Adán	...en mi deuda, tras mí truje obligado.
Música	...en mi deuda, tras mí truje obligado. 215
Adán	Duélate, que no puede mi delito...
Música	Duélate, que no puede mi delito...
Adán	...lo infinito pagar sin lo infinito.
Música	...lo infinito pagar sin lo infinito.
Caín	Inútilmente porfías, 220 pues no son más tus lamentos que dar al mar lo llorado y lo suspirado al viento.
Abel	No digas eso, Caín, que el llanto es llave del cielo, 225 y quien abre sus candados también abrirá los nuestros.
Caín	Eso será tarde, o nunca.
Adán	Al humano entendimiento no le toca saber más 230 de lo que le diga el tiempo;

aprovecharle le toca.
Y así, para que en provecho
nuestro resulten sus frutos,
valgámonos, hijos, de ellos.   235

(A Caín.)   Tú, que dado a la labranza
de la tierra, cuyo aumento,
arrojándosele en granos,
vuelve en espigas el feudo,
ofrece a Dios sus primicias,   240
que es justo agradecimiento
el darle de ciento uno
pues Él da por uno ciento.

(A Abel.)   Tú, que al pasto de las crías
más aplicado te veo   245
que a la labor de los campos,
de aquesos rebaños bellos,
que en océanos de nieve
cubren los prados amenos,
y en bruta esmeralda, Abel,   250
les dan de balde el sustento,
ríndele también a Dios
piadosos ofrecimientos,
que si en ésta son primicias
en otra edad serán diezmos.   255

Abel   De mis ganados, señor,
iré a escoger el cordero
que en ellos dé más sin mancha
su cándido vellón terso
para ofrecérselo a Dios   260
en sacrificio, creyendo
que símbolo, desde ahora,
de algún alto sacramento
a ser venga.

Caín	Si a eso va,	
	también yo en trigo te ofrezco	265
	darle, señor, de mis mieses	
	algunas; pero las menos	
	granadas, que no he de darle,	
	costándome al Sol y al hielo	
	afanes de todo el año	270
	a su destemplanza expuesto,	
	lo mejor, cuando lo habré	
	menester para mí mesmo.	

[Vanse Caín y Abel.]

Adán	Id, pues, que yo quedaré	
	pidiendo a Dios sean acetos	275
	uno y otro sacrificio	
	hasta que logre mi anhelo.	

Él y música	Que el cielo en la tierra,	
	la tierra sea cielo.	

Culpa	Dejemos la natural	280
	ley en su estado primero,	
	que no quiero saber de ella	
	más de que, si en ella temo	
	ver que hay cordero inmolado,	
	también hay para consuelo	285
	dañado trigo; con que,	
	si en uno y otro hay misterio,	
	también habrá en uno y otro	
	castigo a unos, si a otros premio.	
	Vamos, pues, más adelante,	290
	Mundo.	

18

Mundo	Si de mi primero
	tránsito, primera edad
	y primera ley, tan presto
	pasar pretendes (en fe
	de que en fantásticos cuerpos	295
	de alegóricas figuras
	no se da lugar ni tiempo)
	hasta dar con la segunda
	ley ven conmigo; y supuesto
	que, en los cómputos del siglo,	300
	fue de Adán a Noé el entero
	círculo de la primera
	edad del mundo, pasemos,
	desde Noé hasta Abrahán
	la segunda transcendiendo,	305
	de Abrahán a Moisés. Vamos
	a la tercera.
Culpa	Primero
	di ¿por qué la edad segunda
	pasas sin hacerme acuerdo
	de qué presos hay en ella?	310
Mundo	Porque, en aquese intermedio
	que hay desde Adán a Moisés,
	se inundó todo el terreno
	de la gran cárcel del Mundo,
	conque no me quedó preso	315
	en ella, puesto que todos
	ya sentenciados salieron;
	y así, por sentencia dada
	en cosa juzgada, dejo
	su edad aparte, y pasando	320

a que solo se eximieron
del diluvio ocho personas
en no sé qué retraimiento
que sobre mí elevó el agua
a las regiones del viento,   325
voy a que ellos fabricaron
segunda cárcel de nuevo
para la segunda ley,
que en los incultos desiertos
de Sinaí promulgó,   330
esculpida en mármol terso,
Moisés; conque en natural
y escrita, los dos preceptos,
a diez dilatados, vuelven
a ser los diez los dos mesmos.   335
En esta ley se labró
nuevo cuarto; y así vemos,
pasando desde Abrahán
a tercera edad, el tiempo
hasta David, suntuosos   340
edificios, y entre ellos
la gran torre de David,
donde siguiendo el concepto
de tu idea, también yace
entre sus gentes, diciendo: 345

(Ábrese el segundo carro, y se ven David y Salomón.)

David   Inmenso Dios, de mí te compadece...

Música   Inmenso Dios, de mí te compadece...

David   ...al verme envuelto en mi mortal discordia...

Música	...al verme envuelto en mi mortal discordia...	
David	...no según que mi culpa lo merece...	350
Música	...no según que mi culpa lo merece...	
David	...sino según tu gran misericordia...	
Música	...sino según tu gran misericordia...	
David	...y según el gran número que ofrece...	
Música	...y según el gran número que ofrece...	355
David	...de conmiseraciones la concordia.	
Música	...de conmiseraciones la concordia.	
David	De tu piedad, del libro de los días...	
Música	De tu piedad, del libro de los días...	
David	...borra, Señor, iniquidades mías.	360
Música	...borra, Señor, iniquidades mías.	
David	Con amplia gracia, pues tu gracia ha sido la viva fuente de inmortal pureza...	
Música	Con amplia gracia, pues tu gracia ha sido la viva fuente de inmortal pureza...	365
David	...lava las manchas en que me ha tenido el lodo vil de mi naturaleza...	

Música	...lava las manchas en que me ha tenido
	el lodo vil de mi naturaleza...
David	...no porque yo lo tengo merecido, 370
	sino porque conozco mi flaqueza.
Música	...no porque yo lo tengo merecido,
	sino porque conozco mi flaqueza.
David	Y confieso que siempre conjurado
	va contra mí, conmigo mi pecado. 375
Música	Y confieso que siempre conjurado
	va contra mí, conmigo mi pecado.
David	Pequé, Señor, pequé contra ti solo.
Culpa	Ve adelante, que no quiero
	que encienda mi ira la blanda 380
	voz de su arrepentimiento.
Mundo	Oye antes a Salomón.
Salomón	¿Hasta cuándo tus extremos
	han de durar?
David	Hasta cuando
	Dios se compadezca de ellos. 385
Salomón	Todos ese feliz día,
	Señor, esperamos, pero
	no llorando, sino dando
	gracias; ¿no has dicho tú mesmo

	que con alegría sirvamos	390
	a Dios y que le alabemos	
	con júbilos y con himnos,	
	con tímpanos y salterios?	

David	Sí, que el día del Señor	
	también es culto el contento,	395
	como el contento sea culto;	
	mas, ¡ay de quien un pequeño	
	contento arrastró a mayor	
	precipicio y ...! Pero esto	
	ya más es para llorado	400
	que dicho. Lo que te advierto	
	es que te guardes de ver,	
	porque es la vista veneno	
	del alma tan poderoso	
	que ha menester por remedio...	405

Él y música	...que el cielo en la tierra,	
	la tierra sea cielo.	

Salomón	Bien me aconsejas, mas no	
	sé si (por más que los cielos	
	me favorezcan, no solo	410
	con la herencia de tus reinos,	
	pero con los demás dotes	
	sobre la corona y cetro,	
	de infusa sabiduría),	
	podré vencer el afecto	415
	que a idólatras hermosuras	
	arrastra mi entendimiento.	

(Vase.)

Culpa	Bien me dijiste en que oyera
	a Salomón, pues con eso,
	si a uno aflige su pecado, 420
	a otro lleva su deseo
	al cuarto de las mujeres
	que también presas tenemos,
	sin que a la hermosura valga
	el sagrado del respecto; 425
	y ya que de aquí pasamos,
	¿qué fábrica es la que veo
	allí, que empezada y no
	perficionada, en diseños
	de lo que espera ser, solo 430
	tiene echados los cimientos?

Mundo	Un cuarto, que aún no labrado
	está, por falta de medios;
	pero no por eso deja
	de tener en un funesto, 435
	hondo calabozo a cuantos,
	en fe de Abrahán, creyendo
	que le reedifique aquel
	deseado Príncipe excelso,
	con los muertos reputados, 440
	esperan su advenimiento:
	profetas y patriarcas
	son.

Culpa	Abre su oscuro centro
	que para escribir sus causas
	me importa reconocerlos; 445
	abre.

| Mundo | Sí haré. |

Voces (Dentro.)	¡Ah de la cárcel!
Mundo	¿Quién llama?
Voces (Dentro.)	Allá van dos presos.
Mundo	La ronda de la justicia presos tray. Veamos primero quién son y por qué los tray. 450
Voces (Dentro.)	Por ladrones bandoleros, salteadores de caminos.
Mundo	Entren pues, que el Mundo expuesto está en recebir a cuantos a él vengan.

(Salen Dimas y Gestas de bandidos.)

Dimas	¡Valedme, cielos, 455 que ya sé que mis insultos a morir me trayn!
Gestas	¡Infiernos, valedme, que por los míos también sé que a morir vengo!
Mundo	Para asentar la partida, 460 de que ya a mi cargo os tengo, decid vuestro nombre.
Dimas	Dimas.

Mundo	Decid vos también el vuestro.
Gestas	Gestas.
Mundo	¿Por qué vos venís?
Dimas	Por delitos que confieso 465 haber cometido.
Mundo	¿Vos?
Gestas	Por otros dicen, mas niego haberlos yo cometido.
Mundo	De modo que, ¿vos confeso venís y vos negativo? 470 Mas, ¿quién me mete a mí en eso, si eso ha de decir la causa y al Mundo, solo teneros hasta que se vea, le toca? Venid, pues, porque, en abriendo 475 este calabozo, en él aseguraros pretendo.
Culpa	Haces bien, facinerosos tales en su oscuro centro es justo que estén.
Dimas	¡Ay, Culpa, 480 en qué desdicha me has puesto!
Culpa	¿Luego me conoces?
Dimas	Sí.

Culpa	Más valiera que no; pero,
	aun conocida, seguirte
	sabré hasta el último aliento. 485
	Llegad, pues, llegad entrambos
	a esos umbrales.
Dimas	Lleguemos
	dónde nuestra Culpa, Gestas,
	nos lleva.
Gestas	Llega tú, puesto
	que la conoces; que yo 490
	ni la conozco ni quiero
	conocerla.
Culpa	Yo te haré
	que me conozcas bien presto.
	Mundo, abre esa puerta.

[Intenta abrir la puerta.]

Mundo	Ya
	lo procuro, mas no puedo 495
	abrirla.
Culpa	¿Por qué?
Mundo	Porque,
	aunque la busco, no tengo
	su llave yo en mi poder.
Culpa	¿Cómo?

Mundo   Como no la encuentro
entre cuantas, de infinitos   500
tristes calabozos, tengo,
sepulcros de otros.

Culpa   Aparta
que yo la romperé. ¡Cielos!,
¿a dónde llegó la Culpa,
desde el instante primero   505
de los mortales, que no
encontrase el paso abierto?

(Hace que quiere abrir la puerta y no puede.)

Tampoco yo puedo abrirla,
que sus cerrojos de hierro
son, sus aldabas de bronce,   510
y sus candados de acero,
imposibles de que pueda
yo, ni abrirlos ni romperlos.

(Dentro instrumentos.)

Mundo   Aún no es esa la mayor
confusión, sino que, dentro,   515
Abrahán con sus familias,
de Adán y David siguiendo
la aclamación, también dice
en lastimosos acentos...

Abrahán (Dentro.)   ¡Cuándo, Señor, será el día   520
que abra la tierra su centro
y produzca al Salvador!

Música (Dentro.)	¡Cuándo, Señor, será el día
	que abra la tierra su centro
	y produzca al Salvador! 525
Dimas	¡Qué no esperado consuelo
	en mí han causado estas voces!
Gestas	En mí, ¡qué aborrecimiento!
Culpa	¡Qué ira en mí!
Mundo	Y en mí, ¡qué pasmo!
Abrahán (Dentro.)	¡Cuándo en blando rocío tierno 530
	darán las nubes al justo!
Música (Dentro.)	¡Cuándo en blando rocío tierno
	darán las nubes al justo!
David	¡Cuándo el paraninfo bello,
	que ha de dominar la tierra, 535
	consolará al universo!
Música	¡Cuándo el paraninfo bello,
	que ha de dominar la tierra,
	consolará al universo!
Culpa	Cuando a morir, sin morir, 540
	se apure mi sufrimiento,
	viendo que, unidas las voces
	de Adán y David al seno
	de Abrahán, juntas en él,
	repiten todas a un tiempo... 545

Todos y Música	¡Cuándo, Señor, será el día
	de aquel gran prometimiento,
	en que el cielo y tierra unidos
	en admirable comercio,
	el cielo en la tierra,	550
	la tierra sea cielo!

(Ciérranse los carros.)

Mundo	¡Qué mucho que tú te admires,
	si se admira el Mundo, oyendo
	que de esas confusas voces
	repite lejano el eco...!	555

(Canta dentro el Ángel.)

| Ángel | ...pax hominibus in terris, |
| | et gloria in excelsis Deo. |

Culpa	¿Al hombre en la tierra paz
	y gloria a Dios en el cielo?
	¿Qué voces son éstas, Mundo,	560
	tan contra el uso del eco,
	que oyendo unas, vuelve otras
	articuladas del viento?

Mundo	No sé, no sé; porque solo
	sé que su dulce concento	565
	suena en el aire, y que yo,
	en mis ámbitos, no tengo
	al dueño que las pronuncia.

| Culpa | Pues, ¿quién puede ser su dueño, |
| | que ni la Culpa ni el Mundo | 570 |

le conocen?

Mundo   Más atentos
                        oigamos, por si otra vez
                        se repiten y podemos
                        algo entender.

Dimas   ¿Has oído
                        jamás más dulces acentos?   575

Gestas   ¿Qué acentos? Que yo no oigo
                        sino gemidos y estruendos.

Dimas   ¿Cómo, cuando a cielo y tierra
                        dicen voces y instrumentos...

Ángel y Música   ...pax hominibus in terris,   580
                        et gloria in excelsis Deo.

Culpa   En pie se queda mi duda.
                        Mucho escucho y nada entiendo.

Mundo   La mía más adelante
                        pasa, pues pasa su extremo   585
                        a delirio, a frenesí,
                        a ilusión, a devaneo,
                        a pasmo, a letargo; pues,
                        dudando el mundo y creyendo,
                        ni creyendo ni dudando,   590
                        es enigma de sí mesmo.

Culpa   ¿Qué hará la Culpa si al Mundo
                        en tal confusión ha puesto?

Mundo	Lo que el Mundo: ir a inquerir,
	los rumbos del Sol siguiendo,	595
	quién el músico es de tanto
	armonioso portento.

Culpa	Espera, ¿cómo en la cárcel,
	sin encerrar, a unos presos
	tan incorregibles dejas?	600

Mundo   Seguros quedan, supuesto
que si en la cárcel entraron
por la puerta de ese viejo
edificio y tú los trays
a la puerta de este nuevo,   605
que no podemos abrir,
dejando a los dos en medio,
seguros los dejo, Culpa,
pues entre puertas los dejo.

Culpa   ¡Oh, no sea que edificio   610
cerrado uno, otro aún no abierto,
uno nuevo y viejo otro
pasen, sincopando el tiempo,
a ser sombras de algún alto
Viejo y Nuevo Testamento!   615

Mundo   ¿De qué lo temes?

Culpa   De que
otra vez a dudar vuelvo...

Dimas   Yo, a alegrarme...

Gestas   Yo, a afligirme...

32

Mundo	Yo, a estar absorto y suspenso...	
Los cuatro	...oyendo que vuelven a decir los ecos...	620
Ellos y Música	...gloria a Dios en las alturas y paz al hombre en el suelo.	

(Con esta repetición se van los cuatro, y sale el Ángel, cantando en un bofe-
tón, que dé vuelta al carro.)

Ángel (Canta.)	¡Gloria a Dios y paz al hombre	
	publiquen al universo	625
	el Sol con estrellas, el mar con espumas	
	la tierra con flores, con auras el viento!	
	¡Gloria a Dios y paz al hombre	
	sigan, tras los elementos,	
	sin sañas las fieras, las plantas con frutos,	630
	con voces las aves y el pez con silencios!	
	¡Gloria a Dios y paz al hombre	
	de que el prometido tiempo	
	se acerca de aquel comercio admirable	
	que exalte lo humilde y humille lo excelso!	635
	Dígalo yo, que del alto	
	Olimpo del Sol desciendo	
	nuncio, enviado a tratar que se vean	
	lo eterno ceñido, abreviado lo inmenso;	
	a cuya causa, el divino	640
	trocado al humano imperio,	
	batiendo las alas, el orbe discurro,	
	porque de todos repita el consuelo,	
	en felices albricias de ver	
	que, el cielo en la tierra, la tierra sea cielo.	645

| Todos y Música | ¡Gloria a Dios en las alturas |
| | y paz al hombre en el suelo! |

(Con esta repetición pasa el Ángel, y salen el Príncipe, mirando un retrato, la Justicia, dama, con espada, y la Misericordia, con un ramo de oliva.)

Príncipe	Bella imagen que copié	
	del ejemplar de mi idea	
	para que tu gracia sea	650
	el símbolo de mi fe,	
	de cuantos triunfos logré	
	el día que, en su heredad,	
	la suprema majestad	
	de mi padre me entregó	655
	reinos y gentes que yo	
	rigiese a mi voluntad,	
	en ninguno puse más	
	(¡oh humana naturaleza!),	
	los ojos que en tu belleza,	660
	que no olvidaré jamás;	
	tan en mi memoria estás	
	desde el punto que te vi,	
	que a mi ser tu ser uní,	
	con tan suave lazo fuerte	665
	que me ofreceré a la muerte	
	por darte la vida a ti;	
	y pues sois en este día	
	(que aguardo ver su concordia)	
	Justicia y Misericordia,	670
	polos de la monarquía	
	que de mí mi padre fía,	
	decidme, aunque yo lo sé	
	sobre dos leyes, ¿de qué	

ley necesita un gobierno 675
para establecer eterno
los méritos de su fe?
Que ya que de su grandeza
dueño soy, consultar quiero
(pues obras de gracia espero 680
medir, para más fineza,
con las de naturaleza)
de qué una gran monarquía
consta desde el primer día
que se funda, porque en todo 685
nos ajustemos al modo
de mística alegoría.

Misericordia   Una república bella
consta, Señor, de la gente;
y así, es lo más conveniente 690
que a poblalla y poseella
nazcan vasallos en ella,
que comercien en su abismo.

Príncipe   Suceda en ésta lo mismo,
pues cuantos a ella vendrán 695
Misericordia, podrán
renacer en el Baptismo.

Justicia   Nacer, Señor, no es bastante,
si no se sigue al nacer
a perfecta edad crecer 700
y ser hombre el que era infante;
porque con fervor constante
confirme en su corazón
la ley y la religión
que le des.

Príncipe	Justicia es;	705
	y, así, tú podrás después	
	darle la Confirmación.	
Misericordia	Nacer, Señor, y crecer	
	a perfecta juventud	
	no es la robusta salud	710
	que el mortal ha menester;	
	y, así, le importa tener	
	remedios a la dolencia	
	de una y otra intercadencia.	
Príncipe	Misericordia, a esa ruina	715
	saludable medicina	
	le dará la Penitencia.	
Justicia	Aunque ella le ha de curar,	
	será fuerza que le des	
	convalecencia después,	720
	en que pueda desechar	
	las reliquias que dejar	
	suele el mal.	
Príncipe	De esa aflición,	
	Justicia, supla otra acción	
	la extrema necesidad	725
	que deje la enfermedad	
	con nombre de Extrema Unción.	
Misericordia	Ves aquí, Señor, que atento,	
	nace el hombre, vive y crece,	
	que enferma y que convalece,	730
	¿qué hará sin el alimento	

que le sirva de sustento?
Pues, el más fuerte varón,
sin esta vital porción,
perecerá.

Príncipe   Pan de vida   735
todos, para su comida,
tendrán en la Comunión.

Justicia   ¿Qué importará que nacido
se vea el hombre, confirmado,
convalecido, curado   740
y, en efecto, mantenido,
si en justicia y paz regido
no está de algún tribunal,
que le gobierne en igual
ley, en que habrá menester   745
juez supremo?

Príncipe   Ese ha de ser
el Orden Sacerdotal.

Misericordia   Aunque todos lograr puedan
altos favores, ningunos
vendrán a ser, como unos   750
en otros no se sucedan.
Monarquías que se heredan
de una en otra duración
las más políticas son.

Príncipe   De esa verdad, testimonio   755
será dar el Matrimonio
ligítima sucesión;
ésta espero yo lograr

con tan general consuelo
de todos que, ni del cielo 760
las estrellas, ni del mar
las arenas, numerar
puedan la gran población,
que de una en otra región,
coronada de laureles, 765
venga a ser unión de fieles;
a cuya causa, elección
tengo hecha ya de una esposa
tan perfecta y soberana
que en ella la idea humana, 770
naturaleza dichosa,
se cifra, tan toda hermosa
como veis en su ejemplar;
y así, traté de enviar
al vasallo más fiel, 775
para que en mi nombre él
me fuese a capitular.

Justicia   ¿Pues hubo dificultad
en que la elegida fuese?

Príncipe   No, que yo quise que hubiese 780
mérito en su voluntad,
resignada en la verdad
de mi amor.

(Sale el Ángel.)

Ángel   Bien de ese amor
logrado traigo el favor.

Príncipe   ¿Cómo?

Ángel	Como a tu propuesta,	785
	solo escuché por respuesta:	
	«esclava soy del Señor».	
Príncipe	Con esa resignación	
	que la más pura belleza	
	que vio la naturaleza	790
	dio en su nombre a mi pasión,	
	en alas del corazón,	
	inspiradas de mi fe,	
	y en su traje, pues ya sé	
	que en cortesanos amores	795
	los disfraces son primores,	
	yo mismo en persona iré,	
	en muestras de mi afición,	
	hasta su tierra por ella,	
	a recibilla y traella	800
	a donde la aclamación,	
	lealtad y veneración,	
	gloriosamente festiva	
	de mis gentes la reciba.	
Todos	Todos, desde luego, en muestra	805
	diremos de la fe nuestra	
	que felices siglos viva.	
Príncipe	Viva, y publicad por toda	
	la capacidad que encierra	
	la redondez de la tierra,	810
	la felicísima boda	
	a que mi ser se acomoda.	
Ángel	En voz de pregón que, altiva,	

	el tiempo en bronces escriba,	
	toda la naturaleza	815
	publique que igual belleza	
(Cantado)	reine, goce, triunfe y viva.	
Música	En voz de pregón que, altiva,	
	el tiempo en bronces escriba,	
	toda la naturaleza	820
	publique que igual belleza	
	reine, goce, triunfe y viva.	
Ángel (Canta.)	Sepa el Mundo que el Deseado,	
	príncipe por apellido...	

[Sale el Mundo.]

Mundo	Sepa el Mundo que el Deseado	825
	príncipe por apellido...	
Ángel (Canta.)	...con la esposa que ha elegido,	
	donde la Culpa no ha entrado...	

(Sale la Culpa.)

Música y Culpa	«...con la esposa que ha elegido	
	donde la Culpa no ha entrado...»	830
Ángel (Canta.)	...del rey, su padre, enviado	
	para que en sí la reciba,	
	y con prole sucesiva,	
	a siglos el tiempo aumente,	
	y a átomos el Sol le cuente,	835
	reine, goce, triunfe y viva.	

Culpa, Mundo y Música	«...y con prole sucesiva,
	a siglos el tiempo aumente,
	y a átomos el Sol la cuente,
	reine, goce, triunfe y viva...» 840

(Vanse y quedan solos el Mundo y la Culpa.)

Los dos	¿Cómo?
Mundo	¡Culpa!
Culpa	¡Mundo!
Mundo	¿Oíste aquella voz que seguí?
Culpa	Sí, que yo te seguí a ti.
Mundo	¿Qué es lo que de ella entendiste?
Culpa	Nada. Ciega, absorta y triste, 845 de ti, Mundo, a saber llego qué Príncipe es éste.
Mundo	Luego, ¿tú no le conoces?
Culpa	No.
Mundo	Ni yo tampoco, que yo también, triste, absorto y ciego, 850 no sé quién es. Mas, si aquí me dices cuál es la esposa

41

| | tan perfectamente hermosa, | |
| | quizá por ella... | |

Culpa	¡Ay de mí!,	
	que jamás la vi ni oí.	855
	Y, así, con terror segundo,	
	una duda en otra fundo.	
	¿Cómo, Mundo, pudo ser	
	príncipe en el mundo haber	
	y no conocerle el Mundo?	860

Mundo	Como, para mi disculpa,	
	hubo quien para exaltada	
	reina halló en el mundo entrada,	
	sin conocerla la Culpa.	

Culpa	Eso, más que te disculpa,	865
	mi sentimiento atropella;	
	y es querer a mi querella	
	responderme poco fiel.	

| Mundo | No es, que no saber yo de él, | |
| | es por no saber tú de ella. | 870 |

Culpa	Aún no para en eso, pues,	
	a tercer duda, que acuda	
	quiere el cielo.	

| Mundo | ¿Qué es la duda? | |

Culpa	Atiende y sabrás la que es.	
	Para cautelarme, Mundo,	875
	de aquel rey que, prometido	
	de los profetas, en tantas	

figuras, sombras y visos,
como en arcanos misterios,
contiene el cerrado libro   880
de siete sellos, que solo
el Cordero pudo abrirlos;
para cautelarme, Mundo,
segunda vez lo repito,
de que ya que venga, venga   885
de su justicia movido
a castigar riguroso
en vez de premiar benigno,
en metáfora de cárcel
dispuse que, convenidos   890
yo en prenderlos, tú en guardarlos,
hallase uno y otro siglo
tan acordado en sus penas,
tan olvidado en sus vicios,
que, como antes dije, sea   895
memoria de sus olvidos
el libro de mis acuerdos.
Haciendo estaba el registro
cuando otras distantes voces
de las de la tierra oímos   900
en el aire. ¿Culparás
que lo que sabes te digo?
Pues no más falta hacer suele
lo callado que lo dicho.
Las distantes voces eran   905
epitalamios festivos
de reales bodas, que han puesto
mi ira en tan nuevo conflito
como no salir de uno
y entrar a otro laberinto.   910
Porque, ¿qué tienen que ver

dos asuntos tan distintos,
como que cárcel y boda
concurran a un acto mismo?
Que seas tú, Mundo, la cárcel,   915
ya alegórico lo hizo
el sacro citado texto;
que a las bodas de su hijo
el padre rey convidase
a todos sus convecinos   920
a gran cena, ya también
hubo texto que lo dijo.
Pero no dijo uno ni otro
que habían de sonar unidos
tanto que, a un tiempo, se oyesen   925
dos tan disonantes ruidos,
allí de tristes endechas,
aquí de nupciales himnos.
¿Qué ingenio habrá...? Dejo aparte
si es o no es el que previsto   930
me amenaza hasta que el tiempo
el velo corra al sentido,
que agora anda entre dos luces,
ni ignorado ni sabido;
y voy a ¿qué ingenio habrá   935
que no discurra indeciso,
oyendo que a un propio asunto
le suenan en los oídos
cítaras aquí y salterios;
y allí cadenas y grillos;   940
cánticos aquí suaves;
allí míseros gemidos;
aquí cláusulas sonoras,
allí funestos suspiros;
aquí gozos; allí penas;   945

y, en fin, entre llanto y ritmo,
confundiéndose mezclados
lamentos y regocijos,
aquí, el cielo todo glorias
y todo allí, ansias el limbo?   950

Mundo   Tu razón de dudar, Culpa,
en mi pecho ha introducido
tal confusión que a ser vengo
Babilonia de mí mismo.
El Mundo soy; no hay nación,   955
no hay idioma, ley o rito
que yo no contenga en mí.
Y, pues todas las admito,
no extrañes, Culpa, que en orden
a lo que se ha discurrido   960
acerca de esta venida,
en mí diga el Gentilismo:
«en cuantos dioses adoro,
el que a las bodas propicio
es, es Himeneo; él sin duda   965
invocado habrá venido
a las de algún semidiós,
y con aqueso ha podido
entrar, sin que Mundo y Culpa
le conozcan; pues preciso   970
es que el que no fuera dios,
no entrara sin sus registros.»
La Idolatría: «que sea
dios, fácilmente lo admito,
treinta mil son los que adoro   975
en simulacros antiguos;
alguno, pues, que entre tantos
el que sea no distingo,

quizá también, de las diosas
que venero, habrá elegido   980
alguna, y a celebrar
sus bodas ha descendido
del cielo a la tierra. Y pues
son en ella astros divinos,
¿quién duda que tales bodas   985
del cielo nos han venido?»
«¿Qué dios ni diosas, si más
dioses ni diosas ha habido
que nacer porque nacemos
y morir porque morimos?   990
Nuestro vientre es nuestro dios;
no hay más dios»: ciego Ateísmo.
«¿Cómo niegas un dios solo
—le replica el Hebraísmo—,
que es principio y fin de todo,   995
con ser sin fin ni principio?
Éste adoro y éste espero
que ha de enviar a su hijo,
como segunda persona
suya, a sacar de captivo   1000
a su pueblo y...»

Culpa   No prosigas,
que ya que oráculo vivo
del idólatra, el gentil,
ateísta y judaísmo,
has respondido a mi modo   1005
en sus errados disinios,
en llegando a que el hebreo
espera aquel prometido
rey, que del Austro predice
Habacú, no quiero oírlo,   1010

por no entrar en la sospecha
de si este primer indicio
de no conocerle lleva
adelante los motivos
de ser él; y pues concurren   1015
mi sobresalto y tu aviso,
veamos qué camino habrá
de apurarlos.

Mundo   Un camino
se me ofrece, ya que no
de apurarlos, de inferirlos.   1020

Culpa   ¿Qué camino?

Mundo   Pues nosotros
una idea introdujimos
alegórica, y, a nuestro
modo de entender, lo mismo
con él nos pasa, supuesto   1025
que el venir desconocido
también dice alegoría,
corrámoslas a dos visos.

Culpa   ¿De qué suerte?

Mundo   De esta suerte:
prosigue tú en tus registros,   1030
conste en ti el género humano
siempre reo en sus delitos,
en tanto que yo (pues, como
Mundo, en cualquier parte asisto),
siempre a la mira, notando   1035
voy sus hechos y sus dichos,

y a saber quién es la esposa,
con que después, conferidos
su matrimonio y tu cárcel,
careados a nuestro arbitrio,   1040
veremos si entrambas líneas
van a dar a un punto fijo.

Culpa   Así sea; y, porque más
el alegórico estilo
en todos introduzcamos,   1045
démosle nombre.

Mundo   Sea el mismo
que le dio su epitalamio:
el Deseado.

Culpa   Bien has dicho.
¿Y qué apellido?

Mundo   Supuesto
que del padre enviado vino,   1050
segunda persona suya,
a gobernar sus dominios,
su apellido sea el Segundo.

Culpa   Conque nombre y apellido,
a quien ya quiera explicarlos,   1055
Segundo y Deseado ha oído.
¿Y qué nombre le daremos
a la esposa?

Mundo   Pues ha sido
la que halló gracia en sus ojos,
y la que elegida quiso   1060

ver exaltada, su nombre
María sea, pues quien dijo
María, dijo Exaltada,
Elegida y Gracia.

Culpa   De oírlo,
estremecida, no sé   1065
por qué, iay infeliz!, me aflijo;
y si sé que culpa y gracia
son extremos muy distintos.
Mas no por eso rehúso
el seguir los vaticinios   1070
que en ti han hallado; y, supuesto
que es forzoso dividirnos,
parte tú en su seguimiento
y vuelva yo a mis registros.

Mundo   Ve, que en él te buscaré   1075
con lo que traiga sabido.

Culpa   iOh, sea algo que nos diga
este ignorado prodigio!

Mundo   Sí será, que al Mundo, Culpa,
nada oculto hay ni escondido   1080
que no sea revelado.

Culpa   Yo lo espero.

(Vase.)

Mundo   Y yo lo afirmo.
En fe de cuya palabra
desde aquesta parte miro,

	puesto que no se da al Mundo	1085
	distancia, tiempo ni sitio,	
	que ya el esposo y la esposa,	
	partiendo ambos el camino,	
	en desmantelado yermo	
	páramo, cuyo distrito	1090
	de pajizas chozas no es	
	más que, en burgos dividido,	
	pobre albergue de ganados,	
	expuesto al calor y al frío,	
	se dan la primera vista,	1095
	conque una vez repetido	
	y otra vez, vuelve a decir	
	del epitalamio el himno:	

Música   El príncipe, que Deseado
                dio el cielo por apellido,   1100
                con la esposa que ha elegido
                donde la Culpa no ha entrado,
                él de laurel coronado
                y ella de triunfante oliva,
                reine, goce, triunfe y viva.   1105

(Con esta repetición salen por una parte Justicia, Misericordia y el Príncipe; y por otra, el Ángel y la Esposa, con todo el acompañamiento que puedan, sonando a un tiempo música, chirimías y atabalillos.)

Príncipe   Feliz, alegre y venturoso el día,
                bellísima deidad, cuya mañana,
                entre arreboles de oro, nieve y grana,
                repite el alegría
                de aquél que el cielo vio que descendía,   1110
                a la voz amorosa
                del esposo, del Líbano, la esposa,

	para ser coronada
	como reina exaltada,
	que tray consigo el nombre de María.	1115

Esposa	Feliz, alegre y venturoso el día,
	cuya mañana fue el esposo hallado
	en desierta campaña,
	al pie de la cabaña
	de la esposa, el cabello coronado,	1120
	sobre el ofir que la madeja dora,
	del nevado rocío del aurora.

Príncipe	Vos seáis tan bien venida
	como deseada del que, ya elegida,
	mantuvo la tardanza	1125
	en la penalidad, de la esperanza,
	con haber sido, en el antes del antes,
	siglos las horas y horas los instantes.

Esposa	Por tan sumo favor tan cortesano,
	os suplico a besar me deis la mano;	1130
	y perdonad si a hablaros no me atrevo,
	que es vuestro estilo para mí tan nuevo
	que no en vano el temor intenta sabio
	que le explique mejor la acción que el labio:
	a vuestras plantas...

| Príncipe | No, sino a mis brazos. | 1135 |

| Esposa | ¡Qué blandas redes! |

Príncipe	¡Qué apacibles lazos!
	Venid, pues, donde, en tanto que aperciba
	mi Corte real aplauso que os reciba,

	de un retiro ocupéis la corta esfera,	
	¡qué mucho, pues, aun la del Sol lo fuera!	1140
Esposa	Todo mi esposo es gala.	
Príncipe	Toda mi esposa es bella.	
Esposa	Ni el lirio ni el clavel su pompa iguala.	
Príncipe	Ni una pequeña mancha no hay en ella.	
Esposa	Feliz estado.	
Príncipe	Venturosa estrella.	1145
Ángel	Pues justo es los sigamos,	
	a repetir el cántico volvamos.	
Todos y Música	El príncipe, que Deseado	
	dio el cielo por apellido,	
	con la esposa que ha elegido	1150
	donde la Culpa no ha entrado,	
	él de laurel coronado	
	y ella de triunfante oliva,	
	reine, goce, triunfe y viva.	

(Con esta repetición, atabalillos y chirimías, se van todos, y queda solo el Mundo.)

Mundo	¿Qué nuevo afecto, qué nuevo	1155
	impulso es el que arrebata	
	mis sentidos, de manera	
	(al ver las dos soberanas	
	señas de esposo y esposa,	

concurriendo a un tiempo en ambas   1160
lo alegórico y lo real)
que parece que me arrastran,
llevándose tras sí al mundo?
¿No vine en su alcance a causa
de que, familiar alcaide   1165
de la Culpa, de su saña
cómplice, como uno de
tres enemigos del alma,
había de aliviar la ira
de su venenosa rabia   1170
averiguando a qué punto
van dos líneas tan contrarias
como cárceles y bodas?
¿Pues cómo de aquella instancia
me olvido y me acuerdo de esta   1175
nueva duda que en mí causan?
Para informarme mejor
de lo que conviene que haga,
no he de perderlos de vista;
y más, al ver que no paran   1180
en el ameno retiro
de su deleitoso alcázar,
sino que, pasando de él
a un atochar, cuyas ramas
con sus sombras les convidan   1185
a los halagos del aura
(si ya no es que entre a la parte
el hacimiento de gracias),
paseándose por sus calles
en la fábrica reparan,   1190
que, en la más principal de ellas
(que es la de Atocha) fundada
yace mi cárcel, en quien

quedó la Culpa de guarda.
En sus umbrales, parados   1195
están a las consonancias
que dentro se escuchan, pues
repiten en voces varias...

Música
y Todos (Dentro.)   ¡Misericordia, Señor!
                     ¡Señor, duélante las ansias   1200
                     de los que en tristes calabozos claman...

(Salen.)

Todos   ...en fe de la palabra
                     del prometido bien de su esperanza!

Príncipe   «¿En fe de la palabra
                     del prometido bien de su esperanza?»   1205
                     Misericordia, ¿qué voces
                     son las que por ti me hablan?

Misericordia   Ésta es la cárcel, Señor,
                     del Mundo; sienten que pasas
                     por aquí, y todos sus presos   1210
                     tu misericordia claman...

Ella y música   ...en fe de la palabra
                     del prometido bien de su esperanza.

Esposa   Su clamor me ha enternecido.

Justicia   Fuerza es que justicia haya.   1215

Esposa   Sí, mas justicia hay en quien

54

	tiene su lugar la gracia.	
Príncipe	No es menor la piedad mía,	
	que a mí también me traspasan	
	el corazón sus miserias;	1220
	y más día cuya alba	
	para mi dicha amanece	
	a vista de su desgracia.	
Esposa	Pues enternécete de ella;	
	no des lugar a que añadan...	1225
Música	Aplica el piadoso oído,	
	olvidado en nuestras faltas,	
	que perecemos, si tú	
	sus iniquidades guardas.	
Esposa	Piedad, Señor, en fe de la palabra	1230
	del prometido bien de su esperanza,	
	que, entre cuantas prevenciones	
	se disponen a mi entrada,	
	ninguna será mayor,	
	ni de estimación más alta,	1235
	Señor, que el perdón de todas	
	las culpas.	
Príncipe	Llamarte basta	
	María, para que seas	
	intercesora en la gracia.	
	Justicia y Misericordia,	1240
	pues sois los polos entrambas	
	de la nueva monarquía	
	que en nuestros hombros descansa,	
	publicad un general	

	indulto, que quiero se haga	1245
	a honra y gloria de la esposa,	
	de todas aquellas causas	
	que no tengan parte, y luego,	
	las dos, en pública sala,	
	iréis a hacer la visita	1250
	en mi nombre.	

Mundo
                              Al cielo gracias
dé, que ya, Mundo, saliste
de la duda en que te hallabas
de no saber a qué punto
iban a dar tan contrarias   1255
líneas como boda y cárcel.

Príncipe
Id, pues, con la circunstancia
de que vas, Misericordia,
de Justicia acompañada,
para que guardes justicia;   1260
y tú, Justicia, repara
en que con Misericordia
vas también para guardarla;
que no será acierto en una
si no se da unión en ambas.   1265

Justicia
A obedecerte, Señor,
iremos, en voces altas
público haciendo el indulto.

Ángel
Y yo es bien con ellas vaya,
que procurador de pobres   1270
soy, a defender su causa.

Príncipe
Id; y tú, beldad hermosa,

	ven adonde retirada	
	en tus jardines estés,	
	hasta que en público salgas.	1275
Esposa	Tu precepto y mi obediencia	
	una cosa son.	
Mundo	¡Oh, humana	
	naturaleza, qué bien	
	cuando te humillas, te ensalzas!	
Justicia (Canta.)	¡Albricias, género humano!,	1280
	que el Deseado que esperabas,	
	habiendo venido al mundo,	
	segundo el mayor monarca,	
	un indulto general	
	a honor de sus bodas manda	1285
	que se celebre, porque	
	tú de tus prisiones salgas.	
Música	En fe de la palabra	
	del prometido bien de su esperanza.	

(Vanse, y sale la Culpa.)

Culpa	Nunca creí que era tan áspid,	1290
	hasta ver que lo que cantan	
	dentro y fuera de la cárcel,	
	siendo uno gozo, otro ansia,	
	todo es para mí conjuro,	
	cuya música me saca	1295
	de mí, tan sin mí.	
Mundo	¿Qué es esto?	

¿Dónde vas, Culpa?

Culpa   Llevada
de un furor, huyendo voy
de quien cantando me encanta.
Y ya que vuelves a mí,   1300
¿qué es lo que a saber alcanzas,
pues tras él fuiste, de aqueste
intruso rey?

Mundo   Mucho y nada.

Culpa   ¿Cómo nada y mucho?

Mundo   Como
es mucho lo que me pasma   1305
y poco lo que averiguo.
Si creo que es el que aguarda
el hebreo, hallo que no
se han cumplido las semanas
de Daniel; si no lo creo,   1310
también me hace repugnancia
el ver que Misericordia
y Justicia le acompañan,
a quien ha dado poder,
(a las piadosas instancias   1315
de la esposa, y a honor suyo),
para que a indultar las causas
sin parte, a la cárcel vengan,
de que mi discurso saca
que, no en vano, las dos líneas   1320
que se tiraron contrarias
vienen a unirse.

Culpa	Pues, ¿cómo
	sin parte puede indultarlas,
	siendo yo parte fiscal
	de todas?
Mundo	Por más que añadas 1325
	ira a ira, temo, Culpa,
	que bien del empeño salgas.
Culpa	¿Por qué?
Mundo	Porque da este joven
	muchas señales de que anda
	por aquí la sunamitis 1330
	encubierta y disfrazada,
	a un viso de esposa y a otro
	de naturaleza humana.
Culpa	Muy mudado, Mundo, vienes
	de parecer.
Mundo	No es mudanza, 1335
	sino confusión, que todo
	el Mundo a entender no basta,
	dividido en opiniones.
Culpa	Presto verás que te engañas
	en pensar que la visita 1340
	les ha de ser de importancia;
	porque tengo de manera
	las culpas averiguadas
	que, aunque la Misericordia
	hoy venga por asociada 1345
	de la Justicia, en justicia,

	no ha de poder perdonarlas,	
	por más que ahora, alborozados	
	con la noticia de que haya	
	general indulto, todos	1350
	repitan en voces varias...	

Mundo   Mucho temo que no en vano
se oiga en todas sus estancias...

Todos   ¡Albricias, albricias!
Pase la palabra   1355
de que ya se acerca,
en el rey del Austria,
el esperado bien de su esperanza.

(Con esta repetición se entran los dos, y salen Gestas y Dimas.)

Gestas   ¡Albricias, Dimas!

Dimas   ¿Qué albricias
ha de dar el que no aguarda, 1360
ya confesadas sus culpas,
el que el indulto le valga,
según lo graves que son,
y es fuerza que satisfaga
a las partes ofendidas   1365
la Justicia?

Gestas   Con negarlas,
en la ratificación,
de haberlas dicho te salvas.

Dimas   Mejor espero salvarme
muriendo por confesarlas. 1370

Gestas	Yo, por negarlas, viviendo
	espero hacer otras tantas.
	Y pues que lo bien negado
	nunca es bien creído, y que salga
	yo indultado es fuerza, dame 1375
	los brazos, que con mil almas
	siento el ver que mueras por
	capricho de tu ignorancia.

(Las chirimías.)

Dimas	Quizá es por mi dicha; pero,
	¿qué salva es ésta?

Gestas	Esta salva, 1380
	a lo que desde aquí veo,
	es de gentes que acompañan
	la visita, que ya viene
	entrando en aquesta cuadra.

Dimas	¿Y qué ruido será aquel 1385
	que se hace en una ventana?

Gestas	¿Ahora sabes que ha mandado
	el rey que a todas las salas
	se haga una escucha, por ver
	cómo se juzgan las causas? 1390

Dimas	Retirémonos los dos
	en tanto que no nos llaman.

(Sale la Justicia, con una espada desnuda al hombro, y la Misericordia, con un
ramo de oliva, y el Ángel con una cruz dorada, y acompañamiento, y siéntanse

los dos, la Misericordia a mano derecha, el Ángel, a un lado del bufete en pie, y el Mundo al otro lado.)

Justicia	Aquél es, Misericordia,	
	tu lugar; ceda la espada	
	de la justicia a la paz	1395
	de la oliva.	

Misericordia	Por sus ramas,	
	materia de Sacramentos,	
	le admito; no porque haya	
	ni pueda haber en nosotras	
	preeminencia ni distancia.	1400
	¿Adónde el alcaide está	
	de esta prisión?	

Mundo	A tus plantas.	

Misericordia	¿Tenéis hecha ya la lista	
	de los que hoy en esta instancia	
	se visitan?	

Mundo	Sí, Señora.	1405

Misericordia	Pues id llamando a que salgan;	
	y vosotros los decretos	
	publicad en voces altas.	

Mundo	Adán el primero es	
	que espera lograr tu gracia.	1410

Misericordia	¿Por qué está preso?	

(Sale Adán.)

Adán	Por deudas a que mi caudal no alcanza a satisfacer, que son infinitas, y aunque haya hecho dejación de bienes, 1415 quedando en miseria tanta que el pan de dolor que como es el sudor de mi cara y el agua que bebo es de mis lágrimas el agua, 1420 aún con toda esta fatiga a satisfacer no bastan.
Misericordia	¿Quién es la parte?
(Sale la Culpa.)	
Culpa	Su culpa. No solo en aquesta causa, sino en todas; pues a todos 1425 la original les alcanza pero aún en las personales. Y pues, es ley asentada oír en justicia a la Culpa, mientras no me satisfaga 1430 le embargo en la cárcel, donde el indulto no le valga.
Justicia	Dice bien: justicia es que quien debe pague.
Ángel	Si se halla con caudales; pero habiendo 1435

(no pudiendo hacer la paga)
hecho dejación de bienes,
ya lo imposible le salva
para que goce el indulto,
pues también ley asentada   1440
es que nadie a lo imposible
esté obligado.

Culpa   ¿Quién tanta
licencia de hablar aquí
os dio?

Ángel   Nadie, que el tomarla
por procurador de pobres   1445
me toca, sin esperarla
de otro.

Culpa   Con todo eso, es mucha
licencia y...

Ángel   No es, sino...

Misericordia   Basta;
y pues dar satisfación
es justo, y justo que haya   1450
de ser con Misericordia,
la ley el camino parta:
pague Adán su culpa, pero
páguela con tolerancia.
¿El monte de la piedad   1455
no tiene ya situada
limosna para los pobres
de la cárcel? Pues, libranza
de toda ella se dé a Adán,

	y él, como cobrando vaya,	1460
	vaya pagando sus deudas.	
	Y para que en la cobranza,	
	en cuanto a sus diligencias,	
	no haga su persona falta,	
	désele una moratoria	1465
	con que de la cárcel salga;	
	conque de indulto y de deuda	
	vendrán a gozar sus ansias	
	de la deuda, la justicia,	
	y del indulto, la gracia.	1470

Justicia   Publicad así el decreto.

Música   Salga Adán, si no libre,
                con esperanza
                de que halló en el indulto
                justicia y gracia.   1475

Misericordia   ¿Quién se sigue ahora?

Mundo   Caín.

[Sale Caín.]

Misericordia   ¿Por qué está preso?

Culpa   Su causa
                un fratricidio es; la muerte
                a su hermano dio en venganza,
                odio y rencor de que fuese   1480
                a Dios su ofrenda más grata
                que la suya.

65

Misericordia	¿Quién la parte es?
Abel	Es la sangre que clama pidiendo justicia al cielo.
Justicia	¿Cuando no lo sea, no basta para condenarle a muerte la ley de «muera quien mata»? El injusto por sí mismo se tray la sentencia dada, y pues, no tiene visita en los indultos de gracia, retiralde condenado a muerte.
Ángel	Mortal, repara que hay delitos a quien vuelve Misericordia la cara al oírlos; por que no peques en su confianza.
Caín	¡Oh Justicia de Dios! ¿Quién hará a tu ley repugnancia, si aun el condenado va confesando que eres santa?
Música	En que Abel viva, y muera Caín, se declara que la muerte del cuerpo vida es del alma.
Mundo	David es el que presente tienes.

Misericordia   ¿Quién la parte
es?

Abel   Es la sangre que clama
pidiendo justicia al cielo.

Justicia   ¿Cuando no lo sea, no basta   1485
para condenarle a muerte
la ley de «muera quien mata»?
El injusto por sí mismo
se tray la sentencia dada,
y pues, no tiene visita   1490
en los indultos de gracia,
retiralde condenado
a muerte.

Ángel   Mortal, repara
que hay delitos a quien vuelve
Misericordia la cara   1495
al oírlos; por que no
peques en su confianza.

Caín   ¡Oh Justicia de Dios! ¿Quién
hará a tu ley repugnancia,
si aun el condenado va   1500
confesando que eres santa?

Música   En que Abel viva, y muera
Caín, se declara
que la muerte del cuerpo
vida es del alma.   1505

Mundo   David es el que presente
tienes.

[Sale David.]

Misericordia	Su culpa relata.
Culpa	Son dos: adulterio una, y otra homicidio.
Ángel	Que añada yo, es justo, que apartamiento de parte tiene en entrambas.

1510

Culpa	¿Cómo?
Ángel	Como Bersabé,

viuda del que matar manda
y cómplice en el delito,
no de amar, de ser amada,   1515
como parte le perdona;
y él, por volver por su fama,
por su honor y su opinión,
con ella, señora, casa;
y dado que ni uno ni otro   1520
del pecado no le salva,
sálvele lo que le llora,
pues desde la noche al alba
y desde el alba a la noche,
culpas llora y himnos canta.   1525

Misericordia	Goce David del indulto, pues que la parte se aparta.
Justicia	Gócele más porque llora, que porque su perdón traya.

Música	Salga David libre	1530
	porque le valga	
	que llorando culpas,	
	cante alabanzas.	
David	Aunque perdonadas culpas	
	no son culpas, estimara	1535
	más no verlas cometidas	
	que el mirarlas perdonadas.	
Mundo	Salomón su hijo se sigue.	

[Sale Salomón.]

Misericordia	¿Qué es el cargo que le agrava?	
Culpa	Ser sospechoso en la ley.	1540
Misericordia	¿Cómo?	
Culpa	Como no la guarda.	
	Idólatras hermosuras	
	tanto su saber arrastran,	
	que consta de su proceso	
	haber incensado estatuas.	1545
Misericordia	¿Consta en su declaración	
	que hecho penitencia haya?	
Culpa	Nada de su penitencia	
	en todo el proceso se habla.	
Justicia	Pues, ¿qué en su descargo alega?	1550

68

Ángel	Hasta ahora no alega nada,
	porque su declaración
	no consta que esté tomada.
Justicia	Luego no viene en estado
	la causa bien substanciada, 1555
	el día que falta en ella
	esa legal circunstancia.
Misericordia	Pues, ¿qué hemos de hacer sin ella?
Justicia	Que mientras no se declara,
	siga Salomón y quede 1560
	suspensa agora su causa,
	hasta otro juicio que pueda
	con más informe juzgarla.
Música	Salomón, suspensa
	siga su causa, 1565
	mientras otro juicio
	no la declara.
Justicia	¿Quién se sigue agora?
Mundo	Quien
	viene a medir la distancia
	que, en tan general indulto, 1570
	lo excelso y lo humilde iguala,
	sin excepción de personas.

(Salen Dimas y Gestas.)

Dimas	Dígalo el que, a vuestras plantas,

| | dos bandoleros ladrones | |
| | también su piedad aguardan. | 1575 |

Gestas   No aguardan, porque yo niego
            la verdad de la probanza;
            que no soy yo el contenido

Culpa   Si hay quien te vio en la campaña,
            ¿cómo niegas?

Gestas   Como miente   1580
            quien lo vio.

Justicia   ¿Todo esto para
            en más que en estar confeso
            tú, y tú negativo?

Dimas   Tantas
            son mis culpas, que conozco
            que debo morir.

Gestas (Aparte.)   (¡Mal haya   1585
            el que pierde por su lengua!)
            Yo no; ni he de confesarlas.

Justicia   Para eso se hizo el tormento,
            para las semiprobanzas.
            El que confiesa sus culpas,   1590
            goce del indulto: salga
            libre; el que las niega, ya
            lo dije: a tormento vaya
            condenado.

Gestas   ¿Ésa es justicia?

Misericordia	Sí, pero tan soberana,	1595
	que al que niega le condena	
	y al que confiesa le salva.	
Música	Tenga, en Gestas y Dimas,	
	para enseñanza,	
	glorias el que confiesa,	1600
	penas quien calla.	
Misericordia	¿Cómo de aquel calabozo	
	no hay quien a visita salga?	
Mundo	Como no pueden salir,	
	que está su puerta cerrada	1605
	sin que el Mundo tenga de ella	
	llave.	
Justicia	Pues, ¿a quién la encargan?	
Mundo	No sé.	
Misericordia	¿Cómo alcaide eres	
	y no sabes a quien guardas?	
Mundo	No sé.	
Justicia	¿Cómo tan turbado...?	1610
Mundo	No sé nada, no sé nada	
	más de que Abrahán, en esa	
	prisión, a que venga aguarda	
	quien la abra a él y a sus creyentes.	

Justicia	Pues ya vino quien la abra.	1615

Culpa   ¿Quién?

Justicia   La justicia del nuevo
deseado rey a quien claman.

Culpa   Ni a ese rey ni a su justicia
conozco.

Justicia   ¡Quita!

Culpa   Repara
que soy yo quien la defiende.   1620

Justicia   Seré yo quien la quebranta,
dándote muerte primero.

Misericordia   ¡Espera, detente, aguarda,
Justicia!

Justicia   Misericordia,
mía es la primera instancia.   1625

Misericordia   Mía la segunda.

Ángel   Ponga
yo paz entre vuestras armas.

(Forman los tres las armas de la Inquisición.)

Culpa   ¿Qué jeroglífico, ¡cielos!,
es aquel que me retrata
formado el aire de una   1630

cruz, una oliva, una espada,
que me aflige, que me asombra,
que me estremece y me pasma,
como que me está diciendo,
en profética amenaza,   1635
que este auto solo es,
o sombra, o viso, o fantasma
de otro auto que la fe
previene, dispone y traza
contra todos los secuaces   1640
a quien la Culpa avasalla?
Pero antes que lo vea,
para consuelo me basta
el ver cerrada esta puerta,
que si no estuvo cerrada   1645
allá, en la ley natural,
de Adán la primera estancia,
ni la segunda en la escrita
de Moisés, a mí me basta,
como dije, ver que no   1650
habrá poder que ésta abra
para la tercera ley,
si es que ha de ser la de gracia,
mientras que yo la defienda
con las iras de mi saña.   1655

(Sale el Príncipe.)

Príncipe   ¿Cómo que no habrá poder?
                      Solo eso me obligara
                      (a correr yo la cortina
                      de velos que me recatan
                      en alegóricas nubes),   1660
                      a ir, después de pasión tanta

como me cuesta mi amor,
en persona a quebrantarla.
¡Abrid las puertas, abrid
los cerrojos, las aldabas,   1665
y candados de los hierros
que en triste prisión os guardan!

Todos   ¿Quién ilumina sus sombras?

Príncipe   El Sol de la mejor alba,
que resucitado viene   1670
de la oscura noche parda
de las tinieblas a que
sus rayos os las esparzan.
¡Rompe, Abrahán, las cadenas
y todas tus gentes saca   1675
libres de la Culpa!

Culpa   No
es posible libres salgan,
si no la dan, de infinito
delito, infinita paga.

Príncipe   Ya el monte de la piedad 1680
satisfizo las pasadas
deudas de Adán; conque a todos
el indulto les alcanza
que yo hice en favor de toda
la naturaleza humana.   1685

Culpa   Pues, ¿quién eres?

Príncipe   Soy quien soy.

Culpa	Que tú lo digas, no basta.
Príncipe	Mi padre y yo lo decimos,
	y que hace fe es cosa clara
	el testimonio de dos; 1690
	y porque lo veas, tirana,
	¡Adán, Moisés, Abrahán,
	con cuantas familias, cuantas
	gentes, natural y escrita
	ley, inviolables las guardan, 1695
	venid todos, venid todos,
	que ya está la puerta franca
	por donde salgáis, y entre
	triunfante la ley de gracia!
Mundo	De tan alta maravilla 1700
	el Mundo te dé las gracias.
Culpa	¡Ah traidor!, ¿en el peligro
	me dejas y desamparas?
Mundo	Sí, que en todo el Mundo han
	sonado sus alabanzas. 1705
Culpa	Pues antes que lleguen ellos,
	mi ira, mi furia, mi rabia,
	dándote muerte, será
	todo el Mundo mi venganza.
Mundo	Huiré de ti, que de ti 1710
	solo vence el que se aparta.
Culpa	¡Seguiréte yo!

| Príncipe | Tras ella |
| | id; o prendelda, o matalda. |

| Todos | ¿Qué más muerta, si la muerte | |
| | del cuerpo no lo es del alma? | 1715 |

| Mundo | Por más que me sigas no |
| | has de alcanzarme, tirana. |

| Culpa | Intentarélo a lo menos. |

(Sale la Esposa.)

| Esposa | ¿Qué ruido se oye en la sala | |
| | de la audiencia? ¿Cúyas voces...? | 1720 |

(Sale el Mundo.)

| Mundo | ¡Mi vida, Señora, ampara! |

| Esposa | ¿Qué es esto? |

Mundo	Un casual temor,	
	que me disculpa el que haya	
	llegado a tus plantas; bien	
	que con la gran circunstancia	1725
	de que todo este aparato	
	de leyes y gentes varias	
	fue solo en fe de que viese	
	el Mundo puesto a tus plantas.	

| Príncipe | Dice bien, ese fue el fin: | 1730 |
| | que por reina te aclamaran. |

Todos	¡Viva nuestra reina, viva con subcesión dilatada!
Unos	¡Qué ventura!
Culpa	¡Qué desdicha!
Otros	¡Qué regocijo!

Culpa
                  ¡Qué rabia!   1735
Aunque libres quedan, queda
para sus hijos mi saña.

Príncipe
También habrá para ellos
espléndida mesa franca,
siendo mi carne y mi sangre   1740
su antídoto y su vianda,
que a tu venenosa ira
a nueva salud restaura.

Culpa
¿Qué mesa puede ser ésa?

(Aparece el Santísimo Sacramento.)

Príncipe
La que accidentes disfrazan   1745
en aquella hostia, que es
la más tersa, pura y blanca
de mi ser, sagrado erario,
donde me quedo, aunque parta.

Culpa
Por no mirarla, iré huyendo   1750
donde mi furor me arrastra

(Vase.)

Príncipe	Y tú, amada esposa, ven al Alcázar que te aguarda, dejando para otra pluma los aplausos de tu entrada. 1755
Esposa	El mayor, para mí, es ver aliviadas las ansias de los afligidos.
Príncipe	Ya veis cumplida mi palabra.
Adán	Siempre la tuve por cierta. 1760
David	Jamás faltó mi esperanza.
Abrahán	Mi fe siempre la creyó.
Justicia	Justicia fue el esperarla.
Misericordia	Misericordia el cumplirla.
Ángel	Pues repitan voces varias... 1765
Mundo (Solo.)	...después de pedir perdón de los defectos y faltas, ...El príncipe, que deseado del cielo por apellido, por la esposa que ha elegido, 1770 los presos ha libertado, él de laurel coronado y ella de triunfante oliva, reine, goce, triunfe y viva.

Música y	El príncipe, que deseado	1775

Todos   del cielo por apellido,
por la esposa que ha elegido,
los presos ha libertado,
él de laurel coronado
y ella de triunfante oliva,   1780
reine, goce, triunfe y viva.

(Con esta repetición de todos y la Música se cierran los carros, y entrándose dentro, y tocando las chirimías, se da fin al auto de El Indulto General.)

Fin

Libros a la carta

A la carta es un servicio especializado para
empresas,
librerías,
bibliotecas,
editoriales
y centros de enseñanza;
y permite confeccionar libros que, por su formato y concepción, sirven a los propósitos más específicos de estas instituciones.

Las empresas nos encargan ediciones personalizadas para marketing editorial o para regalos institucionales. Y los interesados solicitan, a título personal, ediciones antiguas, o no disponibles en el mercado; y las acompañan con notas y comentarios críticos.

Las ediciones tienen como apoyo un libro de estilo con todo tipo de referencias sobre los criterios de tratamiento tipográfico aplicados a nuestros libros que puede ser consultado en Linkgua-ediciones.com.

Linkgua edita por encargo diferentes versiones de una misma obra con distintos tratamientos ortotipográficos (actualizaciones de carácter divulgativo de un clásico, o versiones estrictamente fieles a la edición original de referencia).

Este servicio de ediciones a la carta le permitirá, si usted se dedica a la enseñanza, tener una forma de hacer pública su interpretación de un texto y, sobre una versión digitalizada «base», usted podrá introducir interpretaciones del texto fuente. Es un tópico que los profesores denuncien en clase los desmanes de una edición, o vayan comentando errores de interpretación de un texto y esta es una solución útil a esa necesidad del mundo académico.

Asimismo publicamos de manera sistemática, en un mismo catálogo, tesis doctorales y actas de congresos académicos, que son distribuidas a través de nuestra Web.

El servicio de «libros a la carta» funciona de dos formas.

1. Tenemos un fondo de libros digitalizados que usted puede personalizar en tiradas de al menos cinco ejemplares. Estas personalizaciones pueden ser de todo tipo: añadir notas de clase para uso de un grupo de estudiantes, introducir logos corporativos para uso con fines de marketing empresarial, etc. etc.

2. Buscamos libros descatalogados de otras editoriales y los reeditamos en tiradas cortas a petición de un cliente.

www.ingramcontent.com/pod-product-compliance
Lightning Source LLC
Chambersburg PA
CBHW051737040426
42447CB00008B/1170